Para:_____

Con amor:_____

LOS ABUELOS SON ESPECIALES™

UN TRIBUTO A AQUELLOS QUE AMAN, ENSEÑAN E INSPIRAN

COMPILADO POR
LUCY MEAD

TRADUCCIÓN POR MARÍA DE JESÚS

VALUE ESPAÑOL
NEW YORK

Esta edición ha sido publicada por Value Español™ Books, imprenta de
Random House Value Publishing, Inc. 280 Park Avenue, Nueva York, N.Y. 10017

Value Español™ Books And Design, son marcas registradas de Random House Value Publishing, Inc.

Random House
New York, Toronto, Londres, Sidney, Auckland
http://www.randomhouse.com

Diseño interior: Karen Ocker Design, Nueva York

Impreso y empastado en Singapur

Library of Congress Cataloging-in-Publication Data

Grandparents are special. Spanish.
Los abuelos son especiales : un tributo a aquellos que aman, enseñan, e inspiran/
compilado por Lucy Mead ; traducción por Maria de Jesus.
p. cm.
ISBN 0-517-22052-0
1. Grandparents—Quotations, maxims, etc. 2. Grandparents—Anecdotes. 3.
Grandparents—Poetry. I. Mead, Lucy. II. Title.

PN6084.G6 G7518 2001
306.874'5—dc21

2001045492

LOS ABUELOS
SON ESPECIALES™

Si se les preguntara su opinión sobre volverse abuelos, muchos hombres y mujeres de hoy dirían, "No gracias, todavía no," pues vivimos en un mundo donde las abuelas con faldas cortas, bailan lo mejor de la vida y los abuelos golfistas, sueñan con dispararle a la edad.

Somos la generación que envejeció en una sociedad sin edad.

Nadie se ve como una abuela

Nadie se siente como un abuelo.

Pero, preparados o no, ¡aquí vienen nuestros nietos!

LOIS WYSE, *Los nietos son tan divertidos que he debido tenerlos primero*

NUNCA SOMOS VIEJOS

La primavera sigue siendo primavera en nuestra mente
Aún cuando cumplamos sesenta;
El amor despierta de nuevo a este corazón palpitante
Y nunca somos viejos;
Sobre el hielo invernal
Veo el brillo del verano,
Y a través de la nieve apilada por la ventisca
Los tiernos retoños que hay debajo.

RALPH WALDO EMERSON, "THE WORLD-SOUL"

No envíes a tus hijos suscripciones del periódico local.
Es posible que tus nietos encuentren un trabajo en los
anuncios clasificados y vengan a vivir contigo.

MARY MCBRIDE, *¡Grandma Knows Best, But No One Ever Listens!*

Su cabello era completamente gris, largo y delgado, recogido
en un moño plano en la parte superior de la cabeza. Su
amplia frente, sobre los anteojos redondos con marcos
dorados, que cubrían los ojos avellana más expresivos y
brillantes que yo haya visto. La piel sobre sus pómulos era
firme, tersa y rosa. Su nariz ligeramente Romana, tenía bella
forma. Líneas profundas corrían hacia la base de su mentón
redondo, formando a los lados bolsas que colgaban. Su
cara estaba surcada por líneas de trabajo.

BETH MOSES HICKOK, *Remembering Grandma Moses*

En la vejez no hay lugar para los afeminados.

Bette Davis

BENDICIÓN PARA EL DÍA DE LOS ABUELOS

Estos abuelos que honramos en su día especial, son la
inspiración; Maestros de la historia, con el alma de niños
y la sabiduría de los eruditos. Gentiles sabios, compren-
den que así como los girasoles maduran en la gloria del
otoño, los niños son mejores si se les apoya sin oprimir;
si se les alienta y no se les modela esperando que sean
siempre como uno quiere. Bendícelos y guárdalos pues
los nietos están creciendo de sus vigorosas raíces de vida.

Margaret Anne Huffman, en *Las
Celebraciones Familiares*

Mi Abuela solía decir:
"Tienes que ser feliz en la misma
ropa en la que te enfureciste."

RON, 43 AÑOS

Nunca te apartes del camino, nunca te comas una
manzana caída y nunca confíes en un hombre cejijunto.

GRANNY en *The Company of Wolves, 1984*

Los abuelos son nuestro nexo continuo con el pasado cercano,
con los eventos, creencias y experiencias que tan fuertemente
afectan nuestras vidas y el mundo que nos rodea.

JIMMY CARTER, Ex Presidente de los Estados Unidos

CITAS DE LOS ABUELOS
EN LA LINEA CALIENTE DE LA RED

La vejez, es pagar un precio muy alto por la madurez.

 Aún puedo recordar el tiempo cuando
el aire era limpio y el sexo sucio.

Si usted cree que hoy el cuidado de la salud es
costoso, espere a ver lo que cuesta cuando sea gratuito.

Lo más difícil de aprender en la vida, es cuál
puente hay que cruzar y cuál hay que quemar.

El secreto de envejecer, es tener mucha
experiencia que ya no puedes utilizar.

Nadie puede hacer por los pequeños lo que hacen los abuelos. Los abuelos parece que rociaran polvo de estrellas sobre las vidas de sus nietos.

ALEX HALEY

Al pensar en el abuelo que me gustaría haber tenido, me preparo para el abuelo que quiero ser; es una manera de utilizar lo que soy para darle forma a lo mejor del porvenir. Es una preparación.

En un tiempo no muy lejano, un pequeño dirá "Abuelo," y yo sabré que hacer.

ROBERT FULGHUM,
All I Really Need to Know I Learned in Kindergarten

Cuando las abuelas de hoy oyen
la palabra "Chippendales," no
piensan necesariamente en sillas.

JOAN KERR, COMEDIANTE

¿ Le gusta al abuelo cuidar a sus nietos?
¿Bromeas? Durante el día está muy ocupado recibiendo
inyecciones de hormonas en el consultorio del médico o
practicando en el campo de golf. En la noche la abuela y
él también están muy ocupados bailando el cha cha chá.

HAL BOYLE, Periodista Americano (1911-1974)

Hasta en arquitectura, la herencia es un factor importante. La necesidad dio paso a los inventos. Ahora la
invención tiene hijitos propios y se parecen a la abuela.

E. B. WHITE, Autor de *Charlotte's Web*

Con toda una vida de popularidad, la
Reina Madre, parecía incapaz de tener
una mala actuación como abuela nacional
—cálida, sonriente, humana y comprensiva,
ella representaba todo lo que el público
puede desear en una abuela.

JOHN PEARSON, Guitarrista Británico

Mi abuela me deja cocinar y no
le importa si hago desorden.

SALLY MCCARTHY, 5 AÑOS

Cuando los abuelos entran por la puerta,
la disciplina sale por la ventana.

OGDEN NASH

Mi primer cigarrillo me lo fumé detrás del granero de mi
abuelo. Me mareó y tosí mucho.
El abuelo me dijo: "No te preocupes, eso siempre sucede
con el primero. Enciende otro."
¿Y sabes qué?, tenía razón.

JACK HANDEY, *Fuzzy Memories*

A MI ABUELA

Ésta familiar
¿Tendría setenta y nueve
¿Cuándo murió?
En la pintura se ve
Como era a los diecisiete,
Cuando se casó.

Con su ramo de novia,
Guardainfante de encaje, y alegre
volante fruncido,
Si el toque de Romeny es verdadero,
Que hombre tan afortunado fuiste,
¡Abuelo!

Ese Tiempo, bueno para nada
¡Tenía una confianza sublime!
Cuando yo, por primera vez,
Vi a esta mujer en mi juventud,
Ciertamente sus inviernos habían
Logrado lo peor.

Oh, si estás allí ahora,
Tan dulce como fuiste entonces,
Abuelita,
Hasta el otro mundo aceptará,
Que de verdad encantaste
Al Abuelito.

FREDERICK LOCKER LAMPSON, 1862

La escritura en las paredes quiere decir
que los nietos encontraron los lápices de colores.

ANON

Una mujer de Tennessee recordando a su Abuela del Viejo Sur:

Sin importar cuantos procederes y reglas nuevas haya aprendido viajando a otros lugares del país, nunca olvidaré las
reglas que eran importantes para la abuela.
La que más me gusta dice, que se debe usar el escote más
bajo en la espalda que en el frente; ya que lo más importante
no es la impresión que ofreces, sino la impresión que dejas.

MARLYN SCHWARTZ, *New Times in the Old South*

Los niños nunca han sido
buenos para escuchar a sus mayores,
pero nunca han fallado al imitarlos.

JAMES BALDWIN

Los amigos más cercanos que he tenido
en mi vida, también han sido personas
que amaron y crecieron cerca de unos
abuelos o abuelas amorosos.

MARGARET MEAD

Tendrás edad suficiente para ser abuela si…

Cuando levantas tu brazo para saludar,
la flacidez que hay debajo saluda primero.

Decides buscar un trabajo y te das cuenta que
las referencias que nombras en tu última
hoja de vida, ya se han muerto.

La instructora de aeróbicos te mira cuando
dice: "todo el mundo a descansar."

No te importa lo que el dentista opine de tus dientes,
mientras acepte que puedes conservarlos.

MARY MCBRIDE, ¡Grandma Knows
Best, But No One Ever Listens!

Las mejores niñeras para tus hijos, son por supuesto los abuelos de los niños. Uno se siente completamente seguro, cuando deja al bebé con ellos por largos períodos de tiempo. Es por eso que la mayoría de los abuelos se mudan a Florida.

DAVE BARRY, *Babies and Other Hazards of Sex*

Durante nuestra primera semana juntas, mi Abuela me dijo que era un pecado la forma como yo desperdiciaba el agua caliente, el papel higiénico y mi tiempo libre. Me dijo que no conocía a ninguna otra niña, que hubiera alcanzado mi edad sin haber aprendido a tejer. Yo me vengué molestándola todo lo que podía. En el desayuno, ahogaba con salsa de tomate mis huevos revueltos. En las tardes, bailaba como loca mis discos de 45, mientras ella me miraba desde la puerta.

WALLY LAMB, *She's Come Undone*

Muchas veces el amor perfecto, no llega
hasta que tenemos el primer nieto.

Proverbio Galés

…una abuela acompañada por toda su familia, estaba
celebrando su cumpleaños 90 [en mi restaurante] y los
meseros acompañados por un órgano mecánico…¡estaban
cantando desafinados! En ese momento Paul McCartney
se levantó, se acercó a la abuela y le cantó "Feliz
Cumpleaños" sólo para ella. Cuando terminó, se regresó
a su mesa y se sentó. Probablemente nadie lo reconoció
y con seguridad ella no lo hizo. Supongo que él tuvo
una abuela y quería halagar a esta dama.

Paul Bocuse, Chef

Desaparece la edad madura
y comienza la senectud,
cuando tus descendientes
sobrepasan a tus amigos.

ODGEN NASH

Sabemos que nos estamos volviendo viejos,
cuando las velas cuestan más que la torta.

BOB HOPE

El tiempo y los problemas amansan a la mujer joven y
madura, pero la mujer madura entrada en años, no podrá
ser controlada por ninguna fuerza terrenal.

DOROTHY SAYERS

Mis abuelas están llenas de recuerdos,
olor a jabón, a cebollas, a arcilla húmeda.
Poseen venas que sobresalen en sus manos rápidas.
Tienen muchas palabras limpias que decir,
Mis Abuelas eran mujeres fuertes.

MARGARET WALKER, "LINEAGE"

Golde: ¡Abuela Tzeitel! ¿Cómo se veía?

Tevye: Para una mujer que lleva de muerta más
         de treinta años, se veía bastante bien.

FIDDLER ON THE ROOF, (Violinista En El Tejado) 1971

...nada podrá reemplazar a un
chico entrando y saliendo de tu casa—
o el regazo de una abuela para acurrucarse en él.

ROSEMARY WELLS, *"Your Grandchild and You"*

La Reina Madre oía las vehementes quejas de Carlos
sobre su soledad, su nostalgia y la imposibilidad de pasar
desapercibido en el colegio como los otros niños... tal vez,
aún más que los padres de Carlos, su abuela comprendía
lo difícil que era la prueba para él, un chico callado e
inseguro, en un mundo duro y extraño.

ANTHONY HOLDEN, *Charles at Fifty*

CONSEJOS SOBRE COMO LAVAR LA ROPA,
DE LA ABUELA CIRCA, A UNA NOVIA EN 1800

1. enciende un fuego en el jardín de atrás, para hervir un caldero con agua de lluvia

2. organiza las tinas de manera que el humo no te entren en los ojos si el viento es fuerte

3. raspa un pan de jabón en el agua hirviendo

4. separa la ropa—haz dos pilas, una blanca y una de color

5. bate harina en agua fría, hasta que esté suave, luego adelgázala en agua hirviendo

6. frota las manchas en la tabla, restriégalas y luego hiérvelas, frota las de color pero no las hiervas— sólo enjuágalas

7. saca la ropa blanca del caldero con el palo de la escoba, enjuágalas, airéalas y almidónalas

8. extiende sobre el césped las toallas

9. cuelga los trapos en la cerca

10. riega las flores con el agua del enjuague

11. restriega el porche con agua caliente jabonosa

12. voltea las tinas hacia abajo

13. ponte un vestido limpio—arréglate el cabello con las peinetas—prepárate una taza de té—siéntate, descansa un rato y cuenta tus bendiciones.

R. Lewish Bowman, *Bumfuzzled*

ABUELITA

La abuelita ha llegado a nuestro hogar,
y ¡Oh! ¡Mi primorosa margarita!
Todos los chicos de los alrededores
¡Andan corriendo como locos!
Trajeron una torta para el pequeño Jake,
y trajeron un pastel para la Nana,
y trajeron una pera para cada uno
y corrieron a besar a la Abuela.

JAMES WHITCOMB RILEY, 1895

Sabrás que estás envejeciendo, cuando al agacharte para amarrarte los zapatos, piensas en que más puedes hacer mientras estás allá abajo.

GEORGE BURNS

Creí tener mi vida organizada…
y de pronto me convertí en abuela.

ANON

Era la abuela de los ojos bailarines, que adoraba
patinar conmigo, aún en sus ochentas, horneaba
deliciosas galletitas y hablaba con los chicos del
pueblo donde vivía, como si fueran grandes y la
comprendieran. Era una mujer sabia y graciosa y la
amaban. Y si la presionaban un poco, les mostraba
trucos con las cartas y los fascinaba.

DANIELLE STEEL, *Granny Dan*

Adoraba su hogar. Todo olía a viejo, a usado
pero seguro; el aroma de las comidas se había
horneado dentro de los muebles.

SUSAN STRASBERG, "BITTERSWEET"

¿Por qué los abuelos y los nietos se entienden tan
bien? Tienen el mismo enemigo—la madre.

CLAUDETTE COLBERT

Si sobrevives suficientes años, serás
reverenciado—casi como un edificio antiguo.

KATHARINE HEPBURN

Entre las cosas que son fáciles, que son
tan simples, que hasta un niño puede
manejar, están los abuelos.

JAMES E. MYERS, *A Treasury of Senior Humor*

"Una morsa se comió mi abrigo y yo me congelaba. El oso
polar me vio con la piel azulada y tembloroso. Me tejió un
suéter de lana con un sombrero compañero y es por eso
que aún estoy vivo..."

Molly dijo: "Los osos polares no saben tejer."

"Bueno, eso es tan cierto como una regla," dijo el Abuelo.
"Pero éste había trabajado con una modista en París. Y
como lo quería mucho, le enseñó a tejer suéteres."

ALAN ARKIN, *¡Some Fine Grampa!*

Yo no estoy de acuerdo con todas esas habladurías sobre la brecha generacional. Todos somos contemporáneos. Solo existe la diferencia en los recuerdos, eso es todo.

W. H. AUDEN

Mi nieta Ava, por una parte es muy frágil, pero por la otra está llena de energía. Quiere ser parte del mundo muy pronto. Y los abuelos se enamoran de sus nietos con rapidez. Yo creo que es porque tu vas de salida cuando ellos van llegando. Si lo miras de cerca, eso es lo que está sucediendo.

LEE FRIEDLANDER, Fotógrafo Para una entrevista del *New York Times Magazine,* 1999

Si tu bebé es "bello y perfecto, nunca llora ni molesta, duerme a sus horas y eructa cuando se lo pides, un ángel todo el tiempo"...Eres la abuela.

TERESA BLOOMINGDALE, Columnista

La abuela Lindy Owens...trabajaba todo el tiempo, tratando de mejorar su hogar para su gran familia y para sus nietos. Nos llevaba con ella cuando buscaba plantas para sus teñidos. Nos enseñó acerca de las plantas medicinales y en donde crecían las primeras verduras. En la primavera, nos dirigía a través del bosque y nos hablaba de las plantas y sus usos y nos mostraba en donde crecían las flores silvestres.

WILLADEENE, HERMANA DE DOLLY PARTON,
en *Smoky Mountain Memories*

Desde que yo tenía la edad de Alex [mi hijo],
pasaba todas las noches de los Sábados con mi
abuela. Ella extendía el sofá cama para nosotros,
era conocido como el Convertible Castro y
disfrutábamos juntos de la película del Millón de
Dólares en la televisión. Durante los comerciales,
ella me preparaba el té, dulce y teñido por
la leche. Después, yo me dormía con la barra
metálica del Convertible Castro, presionando
mi cadera y en mis oídos, el sonido tronante
de sus ronquidos.

JANIS COOKE NEWMAN en *Salon Magazine*

No me siento vieja cuando llevo fotografías de mis nietos, pero si me siento así, cuando no las puedo ver sin mis anteojos.

LOIS WYSE, *Funny, You Don't Look Like a Grandmother*

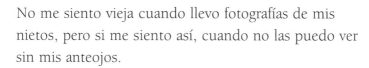

Las abuelas ya tienen vínculos.

Una abuela es un cielo seguro.

Las abuelas no tienen que ser políticamente correctas.

Siempre es seguro hablar con las abuelas.

SUZETTE HADEN ELGIN en *The Grandmother Principle*

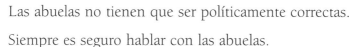

El nostálgico papel de las abuelas, es el de ofrecer amor y afecto, pues los padres están muy ocupados para hacerlo. Idealmente es en la casa de la abuela, donde las reglas son menos estrictas y donde siempre hay galletitas para comer. La abuela es suave y cálida, mientras que los abuelos son ceñudos y silenciosos. La abuela te permite jugar con cosas interesantes, vestidos y zapatos pasados de moda, joyería y sombreros... Un recorrido por el ático revela tesoros extraños, máquinas de coser viejas, cajas de cobijas con edredones antiguos y baúles llenos de revistas de modas.

NOTAS PARA LA EXHIBICIÓN DE TEXTILES
DE 1988 EN EL MUSEO WHYTE DE LAS
MONTAÑAS ROCOSAS CANADIENSES

Siempre he creído, que la mujer tiene derecho de manejar el asunto de la edad de manera ambigua, tal vez hasta que llegue a los noventa. Luego, es mejor que sea sincera con ella misma y con el mundo.

HELENA RUBENSTEIN

Siempre hay una buena explicación para todo lo que sucede. Al comienzo, cuando la lechuza atacó a la abuela y comenzó a picarle la cabeza no comprendimos. ¿Por qué una lechuza atacaría a la abuela? Pero más tarde descubrimos que un ratón vivía en su peinado.

JACK HANDEY, Fuzzy Memories

Tengo 65 años y creo que esto me ubica en geriatría. Pero si los años fueran de quince meses cada uno, sólo tendría 48. Ese es nuestro problema. Todo lo numeramos.

JAMES THURBER

42

Yo conducía para ella [mi abuela] su Mercedes azul grisáceo y la llevaba al sitio escogido para almorzar— generalmente un salón de té. A ella le encantaban estos salones, especialmente para ir a almorzar. Yo iba con gusto, porque disfrutaba del tipo de comida que se servía allí, aunque a veces me sentía fuera de lugar, sentada en una de las elegantes mesas del salón de té.

LAS HIJAS DE GRAYSON HURST en *Salon Magazine*

Fue difícil inventar un alias para mí, como abuela…
Después de una consideración cuidadosa, decidí que Ono
era apropiado. Es corto, de fácil pronunciación y fue la
primera cosa que se me ocurrió como respuesta, cuando mi
hija me dijo: "¡Adivina que! ¡Vamos a tener un BEBÉ!"

SUZANN LEDBETTER, *The Toast Always Lands Jelly-Side Down*

Como generalmente [los abuelos] están en libertad de
amar, guiar y ser amistosos con los jóvenes, sin tener la
responsabilidad diaria sobre ellos, pueden comprender el
orgullo mal entendido y el temor al fracaso, cerrando la
brecha generacional.

JIMMY CARTER, Ex Presidente de los Estados Unidos

La vejez es como un avión volando
en una tormenta. Una vez que te subiste,
no hay nada que puedas hacer.

GOLDA MEIR

Mi abuelo, quien era dueño de tres almacenes de
ropa para hombres, tenía la reputación de ser un gran
vendedor. Tan buena era, que la gente todavía recuerda
la vez que le vendió a una mujer el traje para el funeral
de su esposo, con un par adicional de pantalones.

REGINA, 85 AÑOS

Eres consentida por tus nietos.
Tus palabras son escuchadas con interés.
Pero para el padre de tus nietos,
tan solo eres la suegra.

MARY MCBRIDE, ¡Grandma Knows
Best, But No One Ever Listens!

Solía estar con ello, luego cambiaron lo que era. Ahora lo
que era ya no es. Y lo que es, es misterioso y me asusta.
También te sucederá.

EL ABUELO SIMPSON en Los Simpsons

Los inventos modernos han hecho desaparecer la
rueca y la misma ley del progreso, hace que la mujer
actual sea una mujer diferente a su abuela.

SUSAN B. ANTHONY

Para que un niño logre mantener vivo su sentido innato
del asombro, sin haberlo recibido como regalo de las
hadas, necesitará la compañía de por lo menos un
adulto con quien compartirlo, para que redescubra con
él las alegrías, las emociones y el misterio del mundo
en que vivimos.

RACHEL CARSON, *I've got a special friend*

Si yo no hubiera comenzado a pintar,
habría criado pollos.

GRANDMA MOSES

Mi abuelo era un hombre muy alto; yo tenía que estirarme
para alcanzar su mano mientras caminábamos juntos.
Usaba trajes en espina de pescado, azules oscuros o grises
y el faldón de la chaqueta quedaba muy arriba; la cadena
dorada del reloj casi fuera de mi vista. Yo podía observar
su bastón moviéndose a mi lado, balanceándose enérgica-
mente al ritmo de su paso: ese era mi compañero.

ELIZABETH SPENCER, *Landscapes of the Heart*

Mi abuela Ernestine Dale aparentemente
no disfrutaba absolutamente nada, excepto
la televisión; mi padre les compró el primer
televisor del pueblo. La abuela decía, que ella
sólo veía los programas de preguntas, llamándolos
"educativos," pero la verdad es que ella veía ese
aparato todo el tiempo. Había entrenado a la tía
Chloe, para que saltara y la apagara tan pronto
como llegaba un visitante a la puerta; para el
momento en que la tía Chloe hacía pasar al
visitante a la sala, ya mi abuela se encontraría
leyendo Upper Room o la Biblia.

LEE SMITH, *News of the Spirit*

La única que realmente me amaba era mi abuela, Bubeh. Bubeh me amaba. Bubeh era cálida, una mujer graciosa que no hablaba inglés y estaba llena de vida. Era gruesa y pequeña y cuando llevaba un tiempo viviendo aquí, abandonó la peluca que utilizaba en Europa y llevaba su cabello largo, de un blanco brillante, peinado y enrollado en un moño en la parte superior de su cabeza. Era limpia como un silbido. Limpia, quiero decir que planchaba todo. Cada cosa que usaba, estaba limpia y planchada. Sus vestidos de algodón de entrecasa, siempre estaban recién lavados y planchados.

RUTH MCBRIDE JORDAN, *The Color of Water*

…sus [nietos] no pudieron derrotarla.
O decepcionarla. Ni probar nada—bueno ni
malo—acerca de ella. Y yo la conocí libre de
ambiciones, libre de la necesidad de controlar,
libre de ansiedades, como ella solía
decir—libre para disfrutar.

JUDITH VIORST

Mi abuelo decía que había dos clases de personas: las que
hacían el trabajo y las que se llevaban el crédito. También
me dijo, que procurara estar en el primer grupo; en ese
había menos competencia.

INDIRA GANDHI

La abuela había traído una muda de ropa
en una bolsa de papel marrón y su caja de
rapé que siempre utilizaba. Sus vestidos eran
generalmente orquídea o marrón y todos tenían
mangas largas. Era la imagen de la pulcritud.
Su cabello castaño rojizo, recogido hacia atrás
en un moño suelto, en la base de la cabeza.
La abuela era una dama gentil, callada, siempre
sonriente, pero nunca la oí reír a carcajadas;
y sus ojos marrón oscuro tenían un toque
de secreta tristeza que nunca se dejaba ver.

WILLADEENE, HERMANA DE DOLLY PARTON,
en *Smoky Mountain Memories*

Una anciana con el alma de niña, me abrió su
corazón porque sintió que éramos espíritus afines.
Recreó de nuevo el mundo para mí, mostrándomelo
como un lugar maravilloso, donde todo podría
suceder. En el que un árbol o una roca eran mucho
más de lo que se podía ver a simple vista. Ella me
mostró como las venas de las hojas estaban vivas
y pulsantes. Y ella fue la primera en contarme,
que las plantas gritan cuando las hieres.

LIV ULLMANN, "Changing"

Un abuelo es el hombre que no puede comprender,
como ese idiota hijo suyo, ha podido tener esos
pequeños tan brillantes.

MILTON BERLE, *Milton Berle's Private Joke File*

Yo era su pequeña sombra y me gustaba serlo. Goggy, tenía doscientos años y me dejaba perseguirla por la enorme y vieja casa, para hacerle cosquillas. Cuando la alcanzaba, no le hacía cosquillas con mucha fuerza, porque se podría quebrar.

CAROL BURNETT

Cuando agarré su mano como la da una amiga consoladora, de inmediato sentí su formidable fuerza prohibitiva, sin disminución en todos estos años.

LOUISE ERDRICH

[Mi abuela] era el miembro de mi familia cercana que mejor me comprendía, o así lo creía yo en ese momento. Mirando hacia atrás, creo que no era propiamente compresión, sino que me ayudó a lo largo de esos años, con la pura fuerza de su aliento…

LINDA SUNSHINE, "To Grandmother with Love"

Su manera de contar historias, evocaba ternura y misterio, cuando acercaba su faz a la mía y me inmovilizaba con sus grandes ojos creyentes. Así era la fuerza que se desarrollaba en mí, inspirada directamente de ella.

MAXIM GORKY

Abuelito jugaba con culebras en la iglesia,
Abuelita bebió estricnina. Creo que podría decirse
que yo tenia una ventaja genéticamente hablando.

MAX CADY en *Cape Fear* (1991)

La historia de nuestros abuelos, no es recordada como
una novela rosa, sino con las sonrisas y las lágrimas de sus
hijos y los hijos de sus hijos. Es dentro de nosotros que
están las vidas de los abuelos y es en nosotros donde su
historia se vuelve futuro.

CHARLES & ANN MORSE,
"Let This Be a Day for Grandparents"

Todos deberíamos tener a una persona que nos ayude a mantener la mente abierta ante lo evidente; la abuela fue esa persona para mí…

PHYLLIS THEROUX

Hombres más sabios que yo, han pensado acerca de la edad, y sólo han podido decir, "Feliz Cumpleaños." ¿Qué, después de todo, es ser viejo? Para un chico de siete, diez es viejo; y para uno de diez, veinticinco es madurez y cincuenta es para una exhibición arqueológica. Y para mí, un hombre de setenta es…lo que quisiera ser, pesar 195 libras, jugar tenis con los convalecientes y oír lo suficientemente bien como para escuchar a uno de mis nietos decir dulcemente, "Abuelito, ¿Era el 'Show de Cosby' parecido al de 'Yo Amo a Lucy'?"

BILL COSBY, Time Flies

Sabes que te estás volviendo Viejo, cuando todos los nombres de tu libreta de teléfonos, terminan con la palabra médico.

ARNOLD PALMER

Cuando
Un niño llora por una galleta,
La Madre es la que
pone las reglas y dice severamente, "No. Ya has comido demasiados dulces hoy. Lo único que te permito es un bocadillo nutritivo. Toma un durazno."
La Abuela es la que
Pone su brazo sobre los hombros del pequeño murmurando, "No llores. Toma dos galletitas pues yo te quiero mucho."

LOIS WYSE, Los nietos son tan divertidos
que he debido tenerlos primero

La dicha de ser viejo, es que en nuestra vida podemos, hacia el final del camino, sobre actuarnos aterradoramente.

QUENTIN CRISP

La farmacia era un lugar maravilloso. La abuela y el abuelo vivían arriba en un cálido apartamento, siempre bañado por el rico aroma de las galletas Alemanas y con melodías un poco más livianas que Wagner, derramándose de la vieja vitrola. No tenían teléfono y cuando la abuela recibía alguna llamada en el aparato de la farmacia, el abuelo la llamaba golpeando en el techo con un palo largo. Ella llamaba para las comidas golpeando en el piso con un majador de papas de madera.

WALTER CRONKITE, *A Reporter's Life*

Mi madre dice, "…Karen está aquí."
"¿Dónde?"
"Justo aquí," digo yo,
"No te pareces a Karen."
"Tal vez me recuerdas cuando era pequeña.
Además uso sombrero."
"No te reconozco."
"Yo te reconocí tan pronto como te vi, abuela."
"¿De verdad? Eso es bueno. ¿Cómo estás?"
"Oh, estoy bien."
"Bueno, me gustaría estar bien. Entonces todos
podríamos sentirnos bien juntos."

KAREN BRODINE, "HERE, TAKE MY WORDS,"
When I Am An Old Woman I Shall Wear Purple

Mi abuelo era un buen trompetista.
Su banda era muy solicitada para los
bar mitzvahs. Para los Italianos, Papá John
tocaría brillantemente Hava Nagilah.

Nadja Salerno-Sonnenberg, Violinist, *Nadja On My Way*

Yo creía que el mundo era manejable—un hábito aprendido
de la abuela. Con su peculiar estilo, Abuelita manejaba su
propio reino, de acuerdo a sus necesidades, aboliendo lo
que no servía. Después de que Papá regresó de la Armada,
los quehaceres diarios de la Abuela, se hacían como si la
guerra del Pacífico nunca hubiera existido. Ella tenía
remiendos por hacer, uvas que deshuesar para preparar
jalea y duraznos que arreglar. Pollos que matar.

Bobbie Ann Mason, *Clear Springs: A Memoir*

¿Por qué no pueden construirse los orfanatos junto a los hogares geriátricos? Si alguien estuviera sentado solo en una mecedora, no pasaría mucho tiempo antes que un pequeño se subiera a su regazo.

CLORIS LEACHMAN en *Good Housekeeping*

"Abuela, no quiero que me laves la cara. Por favor no lo hagas."

"Todas las niñas pequeñas deben lavarse la cara, en las mañanas cuando se levantan, mi amor. Luego deberán lavarse tres veces más durante el día. Yo siempre lo he hecho así."

"¡Claro! ¡Seguro! ¡Y sólo mira como se te arrugó!"

JAMES E. MYERS, *A Treasury of Senior Humor*

"Estás Viejo padre William," dijo el joven,
    "Y tu cabello se ha vuelto muy blanco";
Y aún así insistes en pararte de cabeza—
    "¿Crees que a tu edad eso está bien?"

"En mi juventud," replica a su hijo el padre William,
    "Temía que esto pudiera dañar mi cerebro;
Pero ahora, que estoy completamente seguro de que no lo tengo,
    Pues, lo hago de nuevo y de nuevo."

LEWIS CARROLL

Es un abuelo maravilloso…Mis hijos adoran al abuelo
Arnold…Adoran al abuelo Arnold porque les da regalos.

STEVEN SPIELBERG, Life entrevista, 1999

De alguna manera, tengo el presentimiento que si el abuelo fuera astronauta, a su llegada, los nietos le preguntarían, "¿Qué nos trajiste?"

MILTON BERLE, Milton Berle's Private Joke File

Papá dice: "Alístense para dormir y lávense los dientes."
Mamá dice: "Es momento de limpiar."
La abuela me lee cuentos y me da helado.
Me encanta quedarme en las noches con la abuela.

ANNA HINES, Grandma Gets Grumpy

…Había tanto que enseñarles acerca de la vida y tan poco tiempo. Quería mostrarle a mi nieto como fingir su salida de un juego de cartas. Quería llevar a mi nieta al centro comercial y vestirnos como las chicas de cabaret, para que nos tomaran una fotografía juntas, en una pequeña cabina.

Quería que la gente me detuviera en el supermercado diciendo: "¡Su bebé es precioso!" y yo, abanicándome con una libra de tocino diría, "Oh, por favor, yo soy la abuela."

ERMA BOMBECK,
A Marriage Made in Heaven or Too Tired for an Affair

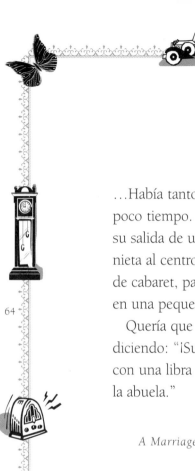